❷ そして七十二候（しちじゅうにこう）！

七十二候（しちじゅうにこう）とは、
二十四節気（にじゅうしせっき）をさらに三つに分（わ）けたものです。

二十四節気（にじゅうしせっき）
春夏秋冬（しゅんかしゅうとう）で二十四個（にじゅうよんこ）あります。

七十二候（しちじゅうにこう）
二十四節気（にじゅうしせっき）をさらに
3つに分（わ）けて、
3 × 24 ＝ 72 あります。

七十二候（しちじゅうにこう）の
おおよその期間（きかん）

立春（りっしゅん）

はるかぜ こおりを とく	うぐいす なく	うお こおりを いずる
2／4〜2／8ごろ	2／9〜2／13ごろ	2／14〜2／18ごろ

七十二候（しちじゅうにこう）表（秋（あき）・冬（ふゆ））

季節	月	節気	候	期間
冬（ふゆ）	1月（がつ）	大寒（だいかん）	にわとり はじめて とやに つく	1／30〜2／3ごろ
冬	1月	大寒	さわみず こおりつめる	1／25〜1／29ごろ
冬	1月	大寒	ふきの はなさく	1／20〜1／24ごろ
冬	1月	小寒（しょうかん）	きじ はじめて なく	1／15〜1／19ごろ
冬	1月	小寒	しみず あたたかを ふくむ	1／10〜1／14ごろ
冬	1月	小寒	せり すなわち さかう	1／6〜1／9ごろ
冬	12月	冬至（とうじ）	ゆき わたりて むぎ のびる	1／1〜1／5ごろ
冬	12月	冬至	さわしかの つの おつる	12／27〜12／31ごろ
冬	12月	冬至	なつ…ず	12／22〜12／26ごろ
冬	12月	大雪（たいせつ）	さけ…	12／16〜12／21ごろ
冬	12月	大雪	くま…	12／12〜12／15ごろ
冬	12月	大雪	そら…	12／7〜12／11ごろ
冬	11月	小雪（しょうせつ）	たち…きばむ	12／3〜12／6ごろ
冬	11月	小雪	きた…はらう	11／28〜12／2ごろ
冬	11月	小雪	にじ…みえず	11／22〜11／27ごろ
冬	11月	立冬（りっとう）	きん…きばむ	11／17〜11／21ごろ
冬	11月	立冬	ち は…なる	11／12〜11／16ごろ
冬	11月	立冬	つばき…く	11／7〜11／11ごろ
秋（あき）	10月	霜降（そうこう）	もみじ つた きばむ	11／2〜11／6ごろ
秋	10月	霜降	こさめ ときどき ふる	10／28〜11／1ごろ
秋	10月	霜降	しも はじめて ふる	10／23〜10／27ごろ
秋	10月	寒露（かんろ）	きりぎりす とに あり	10／18〜10／22ごろ
秋	10月	寒露	きくの はな ひらく	10／13〜10／17ごろ
秋	10月	寒露	こうがん きたる	10／8〜10／12ごろ
秋	9月	秋分（しゅうぶん）	みず はじめて かるる	10／3〜10／7ごろ
秋	9月	秋分	むし かくれて とを ふさぐ	9／28〜10／2ごろ
秋	9月	秋分	かみなり すなわち こえを おさむ	9／23〜9／27ごろ
秋	9月	白露（はくろ）	つばめ さる	9／18〜9／22ごろ
秋	9月	白露	せきれい なく	9／13〜9／17ごろ
秋	9月	白露	くさの つゆ しろし	9／8〜9／12ごろ
秋	8月	処暑（しょしょ）	こくもの すなわち みのる	9／2〜9／7ごろ
秋	8月	処暑	てんち はじめて さむし	8／28〜9／1ごろ
秋	8月	処暑	わたの はなしべ ひらく	8／23〜8／27ごろ
秋	8月	立秋（りっしゅう）	ふかき きり まとう	8／18〜8／22ごろ
秋	8月	立秋	ひぐらし なく	8／13〜8／17ごろ
秋	8月	立秋	すずかぜ いたる	8／7〜8／12ごろ

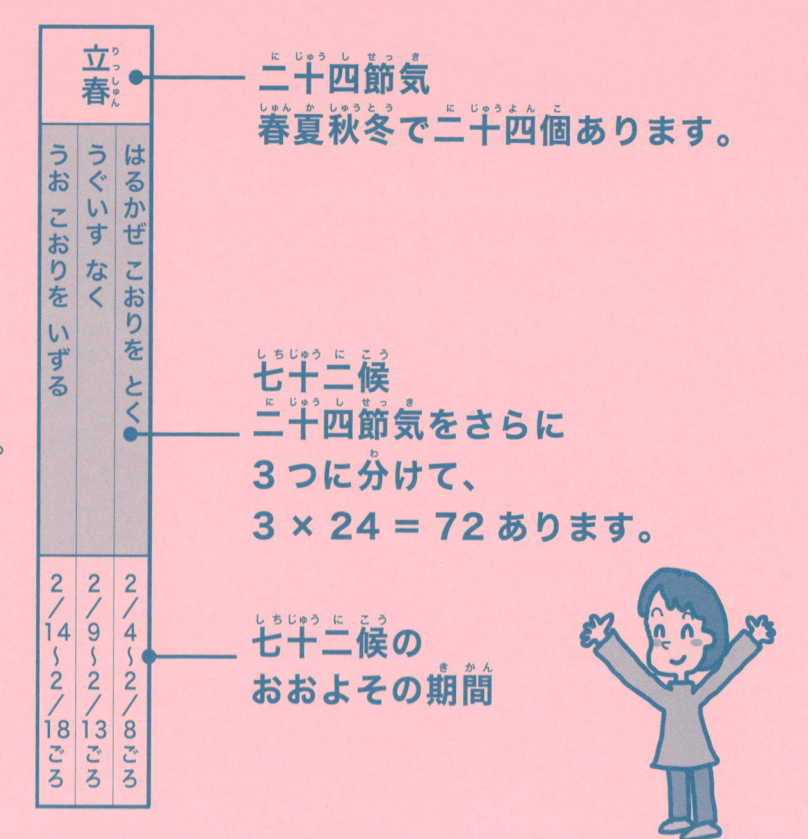

校内放送《こうないほうそう》で役立《やくだ》つ！　行事《ぎょうじ》のなぞなぞ

❶ 4月《がつ》〜7月《がつ》 行事《ぎょうじ》のなぞなぞ

この本《ほん》は、「行事《ぎょうじ》」を取《と》り上《あ》げて、なぞなぞにしています。「今日《きょう》はなんの日《ひ》」「七十二候《しちじゅうにこう》」などもなぞなぞで登場《とうじょう》します。こたえのページでは、それぞれのこたえに関《かか》わる内容《ないよう》をくわしく解説《かいせつ》しています。校内放送《こうないほうそう》でも役立《やくだ》ちますよ！

もくじ

この本《ほん》の使《つか》い方《かた》

各月《かくつき》に入《はい》っている、なぞなぞの見《み》かたです。ページをめくるとなぞなぞのこたえがあり、それぞれの解説《かいせつ》があります。

ひと月《つき》を10日間《とおかかん》に分《わ》けて区切《くぎ》っています。

なぞなぞのページ

その月《つき》の上《じょう》・中《ちゅう》・下旬《げじゅん》ごとにおもな行事《ぎょうじ》を紹介《しょうかい》します。

紹介《しょうかい》している行《ぎょう》事《じ》に関係《かんけい》したなぞなぞです。右《みぎ》の文《ぶん》を読《よ》むとヒントにもなります。

明《あか》るく元気《げんき》な気《き》持《も》ちになれる言《こと》葉《ば》をなぞなぞでおくります。

一年《いちねん》を72に細《こま》かくわけて、きせつの変化《へんか》をあらわすこよみ「七十二候《しちじゅうにこう》」にまつわるものをなぞなぞにしています。

その期間《きかん》にある記念日《きねんび》や祝日《しゅくじつ》をなぞなぞにしています。

こたえのページ

こたえを見《み》て、また前《まえ》のページにもどって読《よ》んでください。

行事《ぎょうじ》に関係《かんけい》したこたえになっています。そのこたえについてくわしく解説《かいせつ》しています。

その期間《きかん》の自然《しぜん》の変化《へんか》をあらわすものをくわしく説明《せつめい》しています。

記念日《きねんび》や祝日《しゅくじつ》のくわしい説明《せつめい》を知《し》ることができます。

4月《がつ》
4.1~4.10

入学式《にゅうがくしき》

行事《ぎょうじ》のなぞなぞ

4月《がつ》になると学校《がっこう》にやってくる新《あたら》しい「星《ほし》」って、なーに？

春《はる》、学校《がっこう》で一番《いちばん》最初《さいしょ》の行事《ぎょうじ》は入学式《にゅうがくしき》。新《あたら》しく学校《がっこう》に入学《にゅうがく》する人《ひと》たちのお祝《いわ》いの式《しき》です。日本《にほん》では学校年度《がっこうねんど》（一学年《いちがくねん》の年度《ねんど》を区切《くぎ》るもの）が始《はじ》まる4月《がつ》におこなわれる行事《ぎょうじ》とされています。4月入学《がつにゅうがく》が本格的《ほんかくてき》に広《ひろ》まったのは1900年代《ねんだい》からです。

今日《きょう》はなんの日《ひ》なぞなぞ

4月10日《がつとおか》は、布《ぬの》を広《ひろ》げてかけ声《ごえ》をかけて、水《みず》の上《うえ》を進《すす》むものの日《ひ》。さて、なんの日《ひ》？

七十二候《しちじゅうにこう》なぞなぞ

人《ひと》の家《いえ》のげんかんや駅《えき》などにつくったすみかで、子《こ》そだてするものがやってくるころです。さて、なにがやってくる？

メッセージなぞなぞ

目《め》をさますと消《き》えるけど、あきらめなければきっとつかめるはず。さて、なにをつかむ？

入学式《にゅうがくしき》

行事《ぎょうじ》のなぞなぞ こたえ 新入生《しんにゅうせい》

入学式《にゅうがくしき》にやってくるのは、新入生《しんにゅうせい》です。「生《せい》」と同《おな》じ読《よ》みで「星《せい》」があります。この星《ほし》を生《せい》におきかえて「新入生《しんにゅうせい》（星《せい》）」という、こたえになります。

解説《かいせつ》 新入生《しんにゅうせい》は、学校《がっこう》に入学《にゅうがく》した学生《がくせい》です。基本的《きほんてき》には1年生《ねんせい》のことです。入学《にゅうがく》して間《ま》もない時期《じき》の、児童《じどう》・生徒《せいと》などに対《たい》して使《つか》われます。

メッセージなぞなぞ こたえ

夢《ゆめ》

今日《きょう》はなんの日《ひ》なぞなぞ こたえ ヨットの日《ひ》

動《うご》くときのかけ声《ごえ》のひとつに、「あら、よっと！」があります。そして、布《ぬの》を広《ひろ》げて、水《みず》の上《うえ》を進《すす》むものから考《かんが》えれば、「ヨット」です。

解説《かいせつ》 ヨットを、4月10日《がつとおか》の「ヨッ（4）ト（10）」のごろ合《あ》わせにしたものです。ヨットやボートをつくるヤマハ発動機株式会社《はつどうきかぶしきがいしゃ》が決《き》めたと言《い》われています。

七十二候《しちじゅうにこう》なぞなぞ こたえ つばめ

家《いえ》のげんかんや駅《えき》など、人《ひと》の出入《でい》りの多《おお》い場所《ばしょ》で、子《こ》そだてをするといえば、つばめです。

解説《かいせつ》 4月5日《がついつか》～4月9日《がつここのか》のころは、七十二候《しちじゅうにこう》で「つばめきたる」と言《い》って、南《みなみ》の国《くに》からつばめが日本《にほん》にやってくるころをあらわしています。日本《にほん》では、つばめ、いわつばめ、こしあかつばめ、しょうどうつばめ、りゅうきゅうつばめが見《み》られます。

4月《がつ》
4.11~4.20

健康診断《けんこうしんだん》

どれだけ成長《せいちょう》したか、気《き》になる健康診《けんこうしん》断《だん》。その始《はじ》まりは、1888年《ねん》におこなわれた「活力検査《かつりょくけんさ》」とされています。目的《もくてき》は、子《こ》どもたちの健康状態《けんこうじょうたい》を知《し》り、健康教《けんこうきょう》育《いく》に役立《やくだ》てることです。おもに身長《しんちょう》、体重《たいじゅう》、視力《しりょく》、聴力《ちょうりょく》の測定《そくてい》。鼻《はな》と口《くち》の中《なか》、歯《は》の検査《けんさ》などをおこないます。

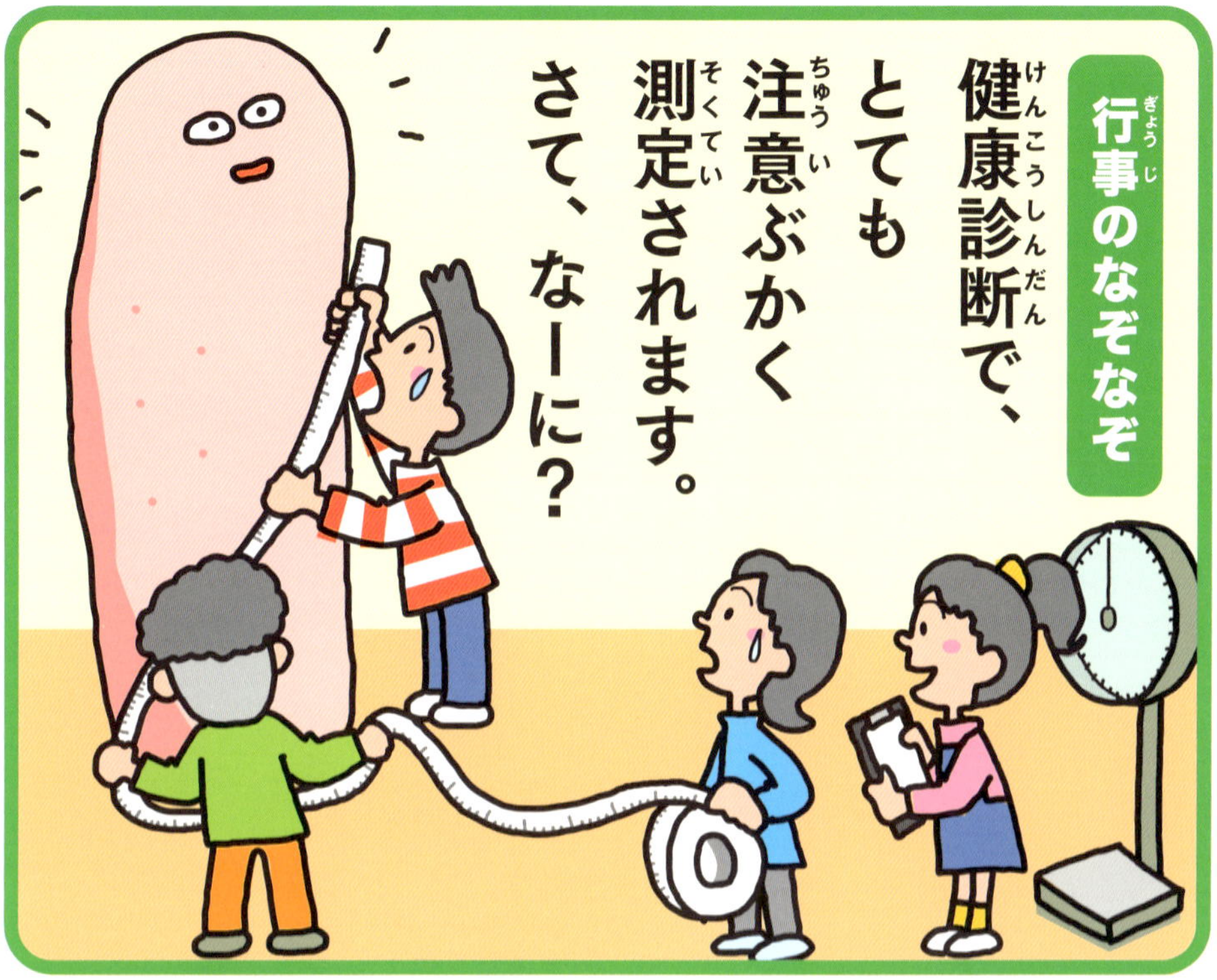

行事《ぎょうじ》のなぞなぞ

健康診断《けんこうしんだん》で、とても注意《ちゅうい》ぶかく測定《そくてい》されます。さて、なーに？

学校《がっこう》なぞなぞ

学校《がっこう》に必《かなら》ずいる、いつも調子《ちょうし》がいい先生《せんせい》って、だーれだ？

今日《きょう》はなんの日《ひ》なぞなぞ

4月《がつ》15日《にち》は、頭《あたま》に大《おお》きなせんぷう機《き》、しっぽに小《ちい》さなせんぷう機《き》がある乗《の》りものの日《ひ》。さて、なんの日《ひ》？

メッセージなぞなぞ

おうえんで、わいたり、ましたりすれば、ちからがでてくるもの、なーんだ？

4月《がつ》 4.11~4.20 健康診断《けんこうしんだん》

行事《ぎょうじ》のなぞなぞこたえ 身長測定《しんちょうそくてい》（慎重《しんちょう》）

背《せ》の高《たか》さを身長《しんちょう》と言《い》います。注意《ちゅうい》ぶかいことを「慎《しん》重《ちょう》」といいます。この慎重《しんちょう》の意味《いみ》を身長《しんちょう》に当《あ》てはめて、「慎重《しんちょう》（身長《しんちょう》）測定《そくてい》」です。

解説《かいせつ》 身長《しんちょう》は、人《ひと》がまっすぐ立《た》ったときの、地面《じめん》から頭《あたま》の先《さき》までの高《たか》さです。身長《しんちょう》が伸《の》びるのには、ふたつの大《おお》きな時期《じき》があります。一回《かい》目《め》は赤《あか》ちゃんのときで一年《ねん》で約《やく》25㎝。二回目《かいめ》は小学校高学年《しょうがっこうこうがくねん》のころで、女子《じょし》は11歳《さい》で約《やく》8㎝。男子《だんし》は13歳《さい》で約《やく》9㎝伸《の》びるといわれています。二回目《かいめ》の急激《きゅうげき》な身長《しんちょう》の伸《の》びを、成長《せいちょう》スパートといいます。

メッセージなぞなぞこたえ ファイト

学校《がっこう》なぞなぞこたえ 校長先生《こうちょうせんせい》

調子《ちょうし》がよいことを「好調《こうちょう》」といいます。学校《がっこう》にいる好調《こうちょう》の先生《せんせい》は、校長《こうちょう》（好調《こうちょう》）先生《せんせい》です。

解説《かいせつ》 校長先生《こうちょうせんせい》は、学校《がっこう》の仕事《しごと》のすべてを見《み》ている先生《せんせい》です。一番《いちばん》おなじみなのが、全校集会《ぜんこうしゅうかい》などでのお話《はなし》です。とてもよいお話《はなし》をされますが、実《じつ》はお話《はなし》のもとになる本《ほん》があるそうです。校長《こうちょう》先生《せんせい》もお話《はなし》をする前《まえ》に勉強《べんきょう》しているんですね。

今日《きょう》はなんの日《ひ》なぞなぞこたえ ヘリコプターの日《ひ》

頭《あたま》としっぽにあるせんぷう機《き》をプロペラと考《かんが》えれば、ヘリコプターです。

解説《かいせつ》 4月《がつ》15日《にち》は、ヘリコプターの原理《げんり》を考《かんが》えた、レオナルド・ダ・ビンチの誕生日《たんじょうび》であることから、全日本航空《ぜんにほんこうくう》事業連合会《じぎょうれんごうかい》が「ヘリコプターの日《ひ》」と決《き》めました。ヘリコプターは、大《おお》きな回転翼《かいてんよく》（プロペラ）を機体《きたい》の上《うえ》に取《と》りつけ、それを回《まわ》したときの浮《う》き上《あ》がる力《ちから》で、空《そら》を飛《と》びます。

4月《がつ》 4.21~4.30

お花見《はなみ》

日《に》本《ほん》で春《はる》のおとずれをよろこぶ行事《ぎょうじ》が花《はな》見《み》です。もともとは、春《はる》になって桜《さくら》が咲《さ》くころにやってくる、田《た》の神様《かみさま》を農民《のうみん》たちがもてなし、豊作《ほうさく》をねがう行事《ぎょうじ》でした。その後《ご》、今《いま》から1000年《ねん》以上前《いじょうまえ》に、貴族《きぞく》が花《はな》を見《み》ながら詩《し》を楽《たの》しむなどするようになり、今《いま》のお花見《はなみ》になったといわれています。

行事《ぎょうじ》のなぞなぞ

花《はな》見《み》の名所《めいしょ》にたくさん出《で》るけど、どうしても捨《す》てられないごみって、なーに？

学校《がっこう》なぞなぞ

家《いえ》では食《た》べられないごはんって、なーに？

今日《きょう》はなんの日《ひ》なぞなぞ

4月《がつ》22日《にち》は、世界《せかい》をカラダにはりつけながらずぶぬれで、クルクル回《まわ》る玉《たま》の日《ひ》。さて、なんの日《ひ》？

メッセージなぞなぞ

話《はな》せるくらいの気持《きも》ちをもって、ふみだそう！その気持《きも》ちって、なーんだ？

お花見《はなみ》

行事《ぎょうじ》のなぞなぞ こたえ

人混《ひとご》み（ゴミ）

人《ひと》ごみの「ごみ」を「ゴミ」におきかえたなぞなぞです。

解説《かいせつ》 観光地《かんこうち》やレジャー施設《しせつ》、イベントなどで、人《ひと》が大勢《おおぜい》いてこみあっていることや、その場所《ばしょ》のことです。

ちなみに、映画《えいが》『天空《てんくう》の城《しろ》ラピュタ』で、悪役《あくやく》のムスカが城《しろ》から落《お》ちていく人《ひと》びとを見《み》て「人《ひと》がゴミのようだ！」という、有名《ゆうめい》なセリフがありますが、人《ひと》ごみはやっぱり捨《す》てられませんね。

メッセージなぞなぞ こたえ

勇気《ゆうき》（言《い》う気《き》＝勇気《ゆうき》）

学校《がっこう》なぞなぞ こたえ

給食《きゅうしょく》

給食《きゅうしょく》は、学校《がっこう》や施設《しせつ》、工場《こうじょう》などで出《だ》されます。家《いえ》で食《た》べるごはんは、給食《きゅうしょく》とは言《い》えません。

解説《かいせつ》 1889年《ねん》7月《がつ》に山形県《やまがたけん》の大督寺《だいとくじ》境内《けいだい》にあった私立忠愛小学校《しりつちゅうあいしょうがっこう》が、めぐまれない子《こ》どもたちに、無料《むりょう》で昼食《ちゅうしょく》を出《だ》したのが給食《きゅうしょく》の始《はじ》まりとされています。その後《ご》、1954年《ねん》に栄養《えいよう》バランスの取《と》れた食事《しょくじ》による健康《けんこう》な体《からだ》づくりと、毎日《まいにち》の食事《しょくじ》の正《ただ》しい理解《りかい》と役割《やくわり》を習慣《しゅうかん》づける目的《もくてき》で「学校給食法《がっこうきゅうしょくほう》」ができて、今《いま》もつづいています。

今日《きょう》はなんの日《ひ》なぞなぞ こたえ

地球《ちきゅう》の日《ひ》

世界《せかい》がカラダにはりついてるとしたら、とてつもなく大《おお》きいとわかります。ずぶぬれのところは海《うみ》。そしてクルクル回《まわ》る玉《たま》を考《かんが》えれば、地球《ちきゅう》です。

解説《かいせつ》 地球《ちきゅう》の日《ひ》は、1970年《ねん》にアメリカでおこなわれた、地球環境《ちきゅうかんきょう》を守《まも》るイベントに由来《ゆらい》します。地球《ちきゅう》は太陽《たいよう》のまわりを回《まわ》っている太陽系《たいようけい》第《だい》3惑星《わくせい》です。

こどもの日《ひ》

こどもの日《ひ》の5月5日《がついつか》は、端午《たんご》の節句《せっく》と言《い》って、病気《びょうき》や悪《わる》いことをさけるための行事《ぎょうじ》の日《ひ》でした。そこで使《つか》われる菖蒲《しょうぶ》の葉《は》が、武士《ぶし》の道具《どうぐ》に似《に》ていたため、男《おとこ》の子《こ》が健康《けんこう》に育《そだ》つことをねがう行事《ぎょうじ》に変《か》わり、1948年《ねん》に「こどもの人格《じんかく》を重《おも》んじ、こどもの幸福《こうふく》をはかるとともに、母《はは》に感謝《かんしゃ》する」日《ひ》として、国民《こくみん》の祝日《しゅくじつ》になりました。

行事《ぎょうじ》のなぞなぞ

水《みず》の中《なか》より
風《かぜ》のほうが
うまく泳《およ》げる
魚《ざかな》って、
なーに？

きせつなぞなぞ

「A《エー》、B《ビー》、AB《エービー》」以外《いがい》の
人《ひと》たちが
大《おお》よろこびの
お休《やす》みって、
なーんだ？

今日《きょう》はなんの日《ひ》なぞなぞ

雨《あめ》じゃないけど、
ごはんの上《うえ》に
パラパラ
ふるものの日《ひ》、
さて、なんの日《ひ》？

メッセージなぞなぞ

相手《あいて》のことを考《かんが》えられる人《ひと》は、心《こころ》に100トンくらいの武器《ぶき》を持《も》っている。それはなに？

5月《がつ》 こどもの日《ひ》

5.1~5.10

行事《ぎょうじ》のなぞなぞ こたえ 鯉《こい》のぼり

風《かぜ》で泳《およ》ぐ！ 水《みず》では泳《およ》がないのです。そんな魚《さかな》で思《おも》い浮《う》かぶこたえは、鯉《こい》のぼりです。

解説《かいせつ》 鯉《こい》は中国《ちゅうごく》の伝説《でんせつ》で、竜門《りゅうもん》（黄河中流《こうがちゅうりゅう》）という急流《きゅうりゅう》の川《かわ》をさかのぼり、竜《りゅう》となって天《てん》にのぼるとされています。それが日本《にほん》に伝《つた》わり、こどもたちに激流《げきりゅう》にも負《ま》けないりっぱな人間《にんげん》に成《せい》長《ちょう》してほしいという、ねがいをこめて作《つく》られたものが鯉《こい》のぼりです。

メッセージなぞなぞ こたえ

思《おも》いやり

（思《おも》いやり＝重《おも》い槍《やり》）

きせつなぞなぞ こたえ 大型連休《おおがたれんきゅう》（O型連休《オーがたれんきゅう》）

「A《エー》、B《ビー》、AB《エービー》」で思《おも》いつくものは血液型《けつえきがた》。その血液型《けつえきがた》以外《いがい》といえばO型《オーがた》です。あとはお休《やす》みと合《あ》わせれば、大型連休《おおがたれんきゅう》です。

解説《かいせつ》 通常《つうじょう》の連休《れんきゅう》より多《おお》くの日《ひ》にちが、連続《れんぞく》して休日《きゅうじつ》となることです。日本《にほん》では、5月《がつ》のゴールデンウィークなどが当《あ》てはまります。

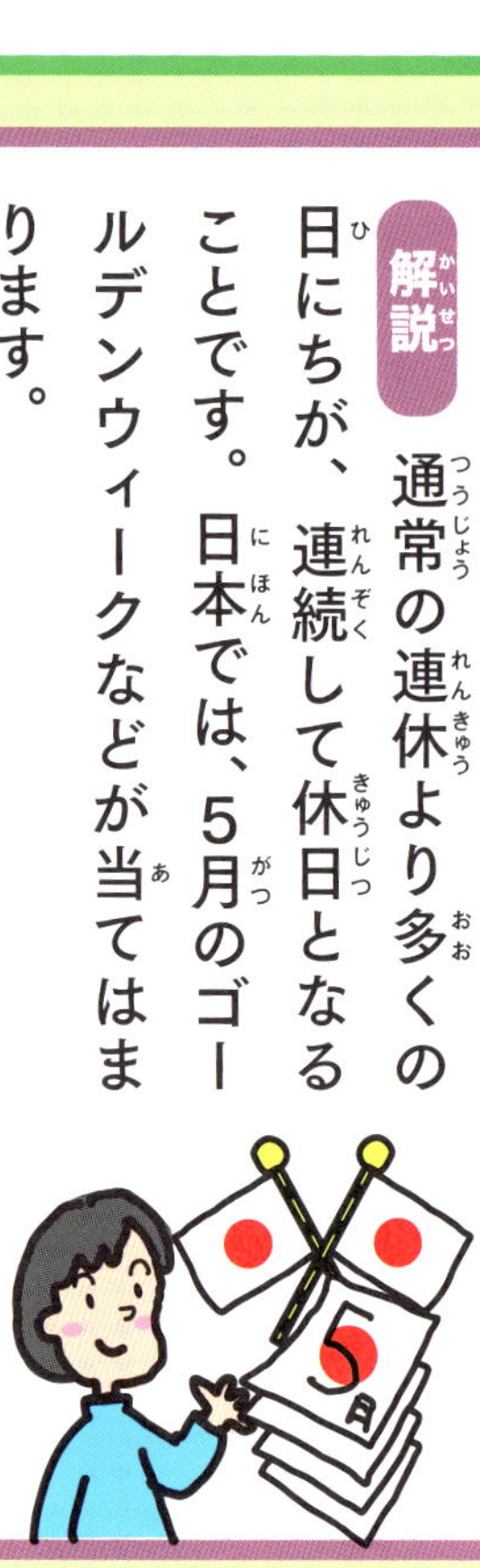

今日《きょう》はなんの日《ひ》なぞなぞ こたえ ふりかけの日《ひ》

ごはんに「ふる」を「ふり」にかえて、ヒントのパラパラから考《かんが》えれば、ふりかけです。

解説《かいせつ》 5月6日《がつむいか》のふりかけの日《ひ》は、今《いま》のふりかけを考《かんが》えた、薬剤師《やくざいし》の吉丸末吉《よしまるすえきち》の誕生日《たんじょうび》にちなんで作《つく》られた記念日《きねんび》です。ふりかけは、みんな大好《だいす》きなごはんのおともですが、最初《さいしょ》は魚《さかな》の骨《ほね》をくだいて作《つく》る、ふだんの食事《しょくじ》ではとりにくい栄養素《えいようそ》のカルシウムをおぎなうための食品《しょくひん》でした。

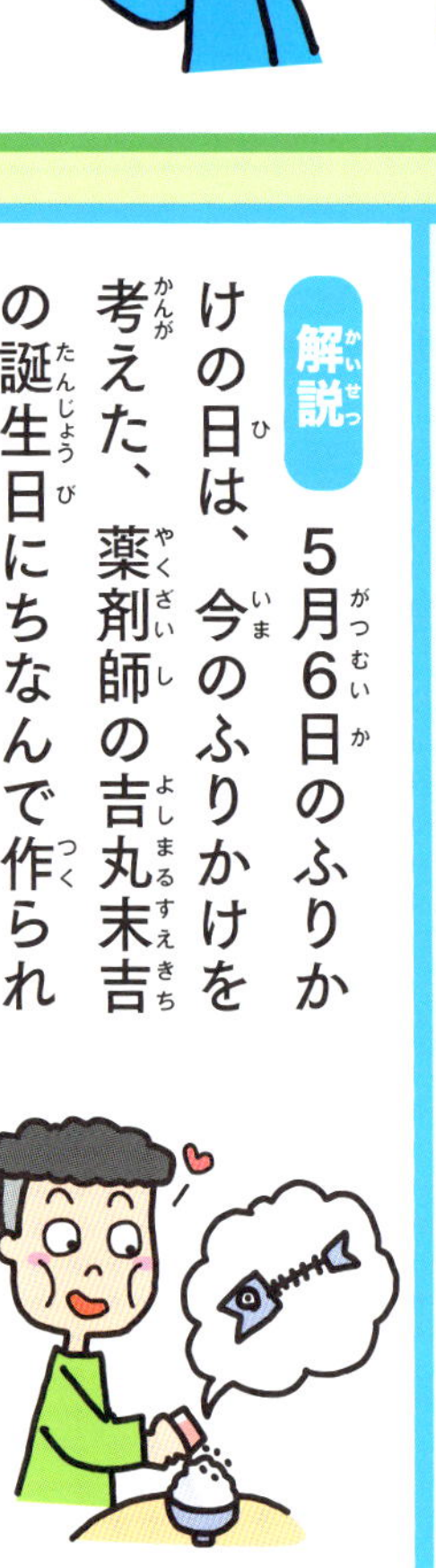

5月《がつ》
5.11~5.20

母《はは》の日《ひ》

日《に》本《ほん》では、毎年《まいとし》5月《がつ》の第《だい》2日曜日《にちようび》が「母親《ははおや》に感謝《かんしゃ》の気持《きも》ちを伝《つた》える日《ひ》」として、母《はは》の日《ひ》にあたります。こどもの日《ひ》も「母《はは》に感謝《かんしゃ》する」日《ひ》なので、5月《がつ》は2回《かい》お母《かあ》さんに感謝《かんしゃ》することになります。でも、お母《かあ》さんには、毎日感謝《まいにちかんしゃ》してもいいですよね。

行事《ぎょうじ》のなぞなぞ

マンションの下《した》のほうで咲《さ》いている、車《くるま》みたいな花《はな》って、なーに？

今日《きょう》はなんの日《ひ》なぞなぞ

5月《がつ》14日《にち》は、ふり回《まわ》してもすぐ手《て》もとにもどってくる、しっぽのある玉《たま》の日《ひ》。さて、なんの日《ひ》？

七十二候《しちじゅうにこう》なぞなぞ

そろそろ竹《たけ》やぶから、厚着《あつぎ》をしている子《こ》が出《で》てくるころ。さて、なにが出《で》てくる？

メッセージなぞなぞ

たいへんなときこそ、あせらない、あわてない、だいじな「くり」ってなんだ？。

5月《がつ》 5.11~5.20 母《はは》の日《ひ》

行事《ぎょうじ》のなぞなぞこたえ　カーネーション

マンションの下《した》は「ション」、車《くるま》は「カー」、その花《はな》だから、こたえはカーネーションです。

解説《かいせつ》　南《みなみ》ヨーロッパ、西《にし》アジア原産《げんさん》でナデシコ科《か》の毎年《まいとし》咲《さ》く花《はな》です。日本《にほん》には江戸《えど》時代《じだい》の初《はじ》めごろに入《はい》ってきました。春《はる》から夏《なつ》に、紅色《べにいろ》、白《しろ》、桃色《ももいろ》などの花《はな》を咲《さ》かせます。今《いま》では、観賞《かんしょう》用《よう》の切《き》り花《ばな》として、一年《ねん》を通《とお》して栽培《さいばい》される、おなじみの花《はな》になっています。カーネーションをわたすしきたりは、アメリカ人《じん》のアンナ・ジャービスという人《ひと》が、教会《きょうかい》でカーネーションをくばったことが始《はじ》まりと言《い》われています。

メッセージなぞなぞこたえ　ゆっくり

今日《きょう》はなんの日《ひ》なぞなぞこたえ　けん玉《だま》の日《ひ》

しっぽをひもに置《お》きかえて、ひもの先《さき》に玉《たま》がついていて、ふり回《まわ》すともどってくると考《かんが》えれば、こたえは、けん玉《だま》です。

解説《かいせつ》　5月《がつ》14日《にち》はけん玉《だま》の日《ひ》です。1919年《ねん》のこの日《ひ》にけん玉《だま》の原型《げんけい》が考案《こうあん》され、実用新案登録《じつようしんあんとうろく》されたことにちなんで決《き》められました。「けん玉《だま》で世界《せかい》をつなごう」が合言葉《あいことば》です。

七十二候《しちじゅうにこう》なぞなぞこたえ　たけのこ

服《ふく》をたくさん着《き》ていることを厚着《あつぎ》といいます。その厚着《あつぎ》を皮《かわ》に見立《みた》てて、あとは竹《たけ》やぶと「子《こ》」でたけのこです。

解説《かいせつ》　5月《がつ》15日《にち》～5月《がつ》20日《はつか》のころは、七十二候《しちじゅうにこう》で「たけのこしょうず」と言《い》います。新緑《しんりょく》の季節《きせつ》に、たけのこが元気《げんき》に生《は》えてくることをあらわしています。

5月《がつ》

5.21~5.31

春《はる》の遠足《えんそく》

おだやかな天気《てんき》の中《なか》で、自然《しぜん》を歩《ある》く春《はる》の遠足《えんそく》は、気持《きも》ちがいい行事《ぎょうじ》です。郊外《こうがい》の豊《ゆた》かな自然《しぜん》や文化《ぶんか》にふれ、学校《がっこう》の学習活《がくしゅうかつ》動《どう》を広《ひろ》げるのを目的《もくてき》におこなわれています。明治時代《めいじじだい》の半《なか》ばごろに、小学校《しょうがっこう》の連合運動《れんごううんどう》会《かい》が開催《かいさい》されたとき、会場《かいじょう》まで往復《おうふく》したことが、遠足《えんそく》の始《はじ》まりと言《い》われています。

行事《ぎょうじ》のなぞなぞ

「月《つき》」は「月《つき》」でも、5月《がつ》の終《お》わりごろになると、夜空《よぞら》でなくて、地上《ちじょう》にあらわれる赤《あか》やピンクの「月《つき》」って、なーに？

学校《がっこう》なぞなぞ

写生大会《しゃせいたいかい》で絵《え》が完成《かんせい》するまで、おさえられて、待《ま》っているもの、なーに？

今日《きょう》はなんの日《ひ》なぞなぞ

5月《がつ》27日《にち》は、竜《りゅう》を食《た》べろと、言《い》われる日《ひ》。さて、なんの日《ひ》？

メッセージなぞなぞ

あきらめない人《ひと》が持《も》つ幸運《こううん》の「カギ」、なーんだ？

5月《がつ》 5.21~5.31 春《はる》の遠足《えんそく》

行事《ぎょうじ》のなぞなぞ こたえ さつき

さつきの「つき」を「月《つき》」におきかえたなぞなぞです。5月《がつ》、色《いろ》、「つき」のつくものを考《かんが》えて、こたえはさつきです。日本《にほん》では、5月《がつ》のことを「皐月《さつき》」ともいいます。

解説《かいせつ》 落葉《らくよう》しない低木《ていぼく》で、日本原産《にほんげんさん》です。開《かい》花時期《かじき》は5月下旬《がつげじゅん》～6月上旬《がつじょうじゅん》。さつきににている花《はな》につつじがあります。そのちがいは、おしべの数《かず》や葉《は》の形《かたち》や大《おお》きさ、毛《け》のあるなしなどで見分《みわ》けられます。

メッセージなぞなぞ こたえ ラッキー・・

学校《がっこう》なぞなぞ こたえ 画板《がばん》

絵《え》の完成《かんせい》までおさえられてがばん（我慢《がまん》）して、待《ま》っています。こたえは画板《がばん》です。

解説《かいせつ》 ものや風景《ふうけい》を見《み》て、うつすようにかく写生《しゃせい》を、おもに野外《やがい》に出《で》かけておこなうのが写生大会《しゃせいたいかい》です。学校《がっこう》では、春《はる》や秋《あき》のすごしやすい時期《じき》におこなわれます。このときに欠《か》かせないのが画板《がばん》です。写生《しゃせい》は時間《じかん》をかけておこなうものです。その間《あいだ》、紙《かみ》をしっかりささえているのですから、本当《ほんとう》にがまんしていると言《い》えます。

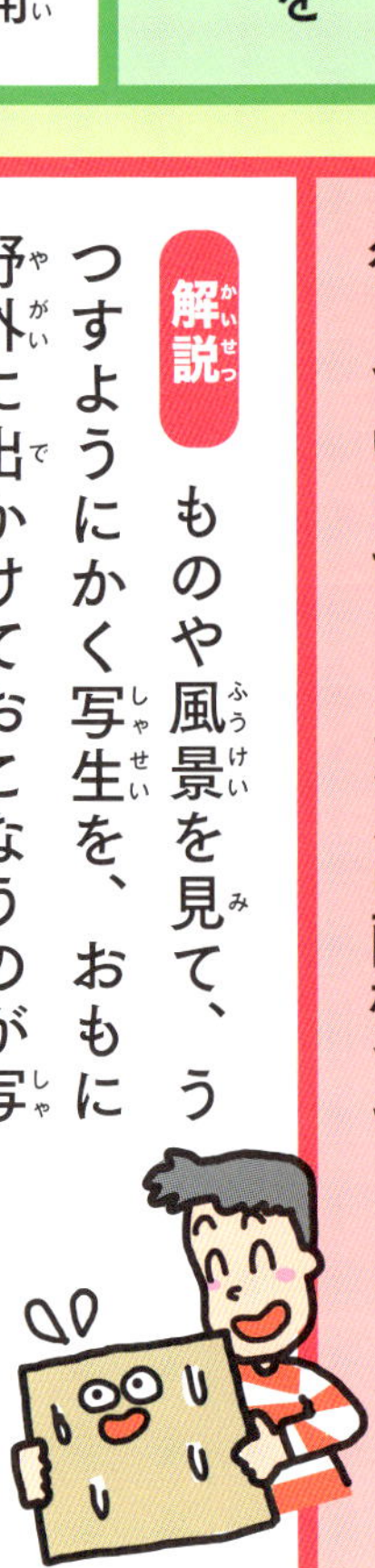

今日《きょう》はなんの日《ひ》なぞなぞ こたえ ドラゴンクエストの日《ひ》

「竜《りゅう》」を「ドラゴン」にかえて、「クエスト」を「食《く》えっす」と読《よ》めば、こたえはドラゴンクエストです。

解説《かいせつ》 1986年《ねん》の5月《がつ》27日《にち》は、ロールプレイングゲームの名作《めいさく》であるファミリーコンピュータ用《よう》ソフトの「ドラゴンクエスト」の第《だい》一作目《さくめ》が発売《はつばい》された日《ひ》。これを記念《きねん》してもうけられました。

きせつの４コマなぞなぞ

この季節《きせつ》は気候《きこう》もよくなってきて、まわりも活動的《かつどうてき》になってくるころですね。植物《しょくぶつ》が元気《げんき》になり、大《おお》きなイベントもふえます。この時期《じき》にちなんだなぞなぞを紹介《しょうかい》しますね。「今日《きょう》はなんの日《ひ》」なぞなぞもありますよ。

まだまだあるよ!

今日《きょう》はなんの日《ひ》なぞなぞ❶

5月《がつ》3日《みっか》は、空手家《からてか》の人《ひと》と記念写真《きねんしゃしん》をとった日《ひ》。なんの日《ひ》だったからでしょう？

まだまだあるよ!

今日《きょう》はなんの日《ひ》なぞなぞ❷

5月《がつ》4日《よっか》は、まむめもの日《ひ》。さて、なんの日《ひ》でしょう？

きせつの４コマなぞなぞこたえ

こたえ **八十八夜《はちじゅうはちや》**

「や」という字《じ》が88個《こ》ありました。合《あ》わせて言《い》えば「88や」。こたえは、八十八夜《はちじゅうはちや》です。

解説《かいせつ》

立春《りっしゅん》の日《ひ》から数《かぞ》えて88日目《にちめ》であることから、八十八夜《はちじゅうはちや》とよばれます。この時期《じき》になると気候《きこう》が安定《あんてい》するので、むかしは本格的《ほんかくてき》に農作業《のうさぎょう》をはじめる、目安《めやす》となっていました。

まだまだあるよ！

今日《きょう》はなんの日《ひ》なぞなぞ①のこたえ

憲法記念日《けんぽうきねんび》

空手《からて》のことを拳法《けんぽう》と言《い》います。その拳法《けんぽう》と記念写真《きねんしゃしん》を合《あ》わせて、こたえは憲法記念日《けんぽうきねんび》です。

解説《かいせつ》

1947年《ねん》の5月《がつ》3日《みっか》に日本《にほん》の国民《こくみん》が、国《くに》の約束《やくそく》（憲法《けんぽう》）を守《まも》ることに決《き》めた日《ひ》です。その日《ひ》を記念《きねん》して1948年《ねん》の5月《がつ》3《みっ》日《か》に、憲法記念日《けんぽうきねんび》として国民《こくみん》の祝日《しゅくじつ》に定《さだ》められました。

まだまだあるよ！

今日《きょう》はなんの日《ひ》なぞなぞ②のこたえ

みどりの日《ひ》

五十音《ごじゅうおん》の「ま行《ぎょう》」で「まむめも」にたらない文字《もじ》は「み」です。「み」を取《と》ったと連想《れんそう》して「み取《ど》り」で、みどりになります。

解説《かいせつ》

豊《ゆた》かな自然《しぜん》に親《した》しみ、その恩恵《おんけい》に感謝《かんしゃ》し、豊《ゆた》かな心《こころ》をはぐくむ日《ひ》です。はじめは4月《がつ》29日《にち》でしたが、その後《ご》、祝日法《しゅくじつほう》の改正《かいせい》で2007年《ねん》から5月《がつ》4日《よっか》がみどりの日《ひ》になりました。

6月《がつ》
6.1~6.10

梅雨《つゆ》

梅雨《つゆ》とは、5月下旬《がつげじゅん》から7月中旬《がっちゅうじゅん》ごろまでつづき、雨《あめ》がよくふり、晴《は》れの日《ひ》が少《すく》ない時期《じき》のことを言《い》います。冷《つめ》たい空《くう》気《き》と、暖《あたた》かい空気《くうき》がぶつかりあって動《うご》けなくなり、雨《あめ》がふりつづきます。日本《にほん》、韓国《かんこく》、中国《ちゅうごく》の一部《いちぶ》、台湾《たいわん》などで見《み》られる気候現象《きこうげんしょう》です。雨季《うき》ともよばれます。日本《にほん》も中国《ちゅうごく》も、カビの雨《あめ》を意味《いみ》する言葉《ことば》が転《てん》じて、「梅雨《つゆ》」になったと言《い》われています。

行事《ぎょうじ》のなぞなぞ

雨《あめ》の日《ひ》に見《み》かける、おうちをしょってノロノロすすむものって、なーに？

きせつなぞなぞ

人《ひと》の頭《あたま》の上《うえ》でホネをひろげて、ずぶぬれになるもの、なーに？

今日《きょう》はなんの日《ひ》なぞなぞ

6月2日《がつふつか》は、オウムがならんでまで、食《た》べたいものの日《ひ》。さてなんの日《ひ》？

メッセージなぞなぞ

見《み》ることはできないけれど、がんばればつかめる！　かならずころがっているから。

梅雨《つゆ》

行事《ぎょうじ》のなぞなぞ　こたえ　カタツムリ

雨《あめ》のじめじめした日《ひ》にいて、家《いえ》がついていて、ゆっくり移動《いどう》するものといえば、こたえはカタツムリです。

解説《かいせつ》 陸《りく》に住《す》む巻貝《まきがい》のなかまで、頭《あたま》に2対《つい》の触角《しょっかく》があるのがとくちょうです。からの中《なか》に内臓《ないぞう》がつまっています。無脊椎動物《むせきついどうぶつ》という種類《しゅるい》に分類《ぶんるい》されます。

メッセージなぞなぞ　こたえ　チャンス

きせつなぞなぞ　こたえ　かさ

ずぶぬれで思《おも》いうかぶのは雨《あめ》です。それに頭《あたま》の上《うえ》で広《ひろ》げるものとホネを考《かんが》えあわせると、こたえはかさです。

解説《かいせつ》 かさの歴史《れきし》は古《ふる》く、日本書紀《にほんしょき》に552年《ねん》に百済《くだら》(※)を通《つう》じて日本《にほん》に伝《つた》わったとされています。また、折《お》りたたみがさは、1928年《ねん》にドイツのハンス・ハウプトという人《ひと》が発明《はつめい》しました。

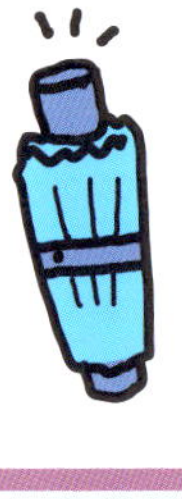

今日《きょう》はなんの日《ひ》なぞなぞ　こたえ　オムレツの日《ひ》

ならぶを列《れつ》と考《かんが》えてオウムと組《く》み合《あ》わせて「オウム列《れつ》」。こたえはオムレツです。

解説《かいせつ》 卵《たまご》のパックなどの商品《しょうひん》の研究《けんきゅう》・開発《かいはつ》をしている、日本《にほん》シュリンク包装《ほうそう》卵《らん》協会《きょうかい》が「おむ(6)れつ(2)」のごろ合《あ》わせで、6月2日《がつふつか》と定《さだ》めました。

※4世紀前半《せいきぜんはん》から660年《ねん》まで、朝鮮半島《ちょうせんはんとう》にあった国《くに》

6月《がつ》
6.11~6.20

父《ちち》の日《ひ》

日《に》本《ほん》では、6月《がつ》の第《だい》3日《にち》曜《よう》日《び》が、父《ちち》の日《ひ》。1909年《ねん》にアメリカのソノラ・スマート・ドッドという女《おんな》の人《ひと》が、父親《ちちおや》に感謝《かんしゃ》をささげる日《ひ》がほしいと牧師《ぼくし》教会《きょうかい》にうったえたのが、始《はじ》まりとされています。母《はは》の日《ひ》とくらべて今《いま》ひとつなにをすればいいかわからない日《ひ》ですが……。

行事《ぎょうじ》のなぞなぞ

いくら
たばねても、
くずれてしまう
黄色《きいろ》い花《はな》って、
なーに?

今日《きょう》はなんの日《ひ》なぞなぞ

6月《がつ》11日《にち》、物知《ものし》りや
お話《はなし》じょうずだけど
無口《むくち》がいっぱい。
学校《がっこう》にあり、授業中《じゅぎょうちゅう》は
静《しず》かになることが多《おお》い
場所《ばしょ》の日《ひ》は?

七十二候《しちじゅうにこう》なぞなぞ

暑《あつ》くなってきて、夜《よる》、
あかりをおしりにつけた、
生《い》き物《もの》が出《で》てくるころです。
さて、なにが出《で》てくる?

メッセージなぞなぞ

なにかうまくいかないとき、心《こころ》のスイッチ、
どうしよう?

父《ちち》の日《ひ》

行事《ぎょうじ》のなぞなぞこたえ 黄色《きいろ》いバラ

くずれることをバラバラになると言《い》います。このバラバラと黄色《きいろ》い花《はな》のヒントで、こたえは黄《き》色《いろ》いバラです。

解説《かいせつ》 バラは低木《ていぼく》のつる植物《しょくぶつ》です。葉《は》や茎《くき》にトゲを持《も》つものが多《おお》いことで知《し》られています。自生地《じせいち》は北半球《きたはんきゅう》にかぎられています。イギリスでは国《くに》の花《はな》です。母《はは》の日《ひ》のカーネーションほど知《し》られていませんが、黄色《きいろ》いバラは父《ちち》の日《ひ》におくる花《はな》です。

メッセージなぞなぞこたえ

切《き》り替《か》え

今日《きょう》はなんの日《ひ》なぞなぞこたえ 学校図書館《がっこうとしょかん》の日《ひ》

物知《ものし》りは知識《ちしき》がつまっていること、お話《はなし》じょうずは物語《ものがたり》のこと。でもしゃべらないと考《かんが》えれば本《ほん》。さらに学校《がっこう》にあるのに授業中《じゅぎょうちゅう》は静《しず》かとなれば、こたえは学校図書館《がっこうとしょかん》です。

解説《かいせつ》 小学校《しょうがっこう》、中学校《ちゅうがっこう》、高校《こうこう》にもうけられる教育《きょういく》に必要《ひつよう》な本《ほん》や資料《しりょう》をそろえる学校図書館《がっこうとしょかん》。そこに司書《ししょ》の先生《せんせい》がいるように、学校図書館法《がっこうとしょかんほう》があらためられた6月《がつ》11日《にち》を記念《きねん》して、公益社《こうえきしゃ》団法人全国学校図書館協議会《だんほうじんぜんこくがっこうとしょかんきょうぎかい》が定《さだ》めました。

七十二候《しちじゅうにこう》なぞなぞこたえ ホタル

初夏《しょか》の夜《よる》に、おしりを光《ひか》らせて、出《で》てくる生《い》き物《もの》といえば、ホタルですね。

解説《かいせつ》 6月《がつ》11日《にち》～6月《がつ》15日《にち》は、七十二候《しちじゅうにこう》で「くされたる くさ ほたると なる」と言《い》って、くさったようなしめった草《くさ》からホタルが出《で》てくるころのことです。ホタルは、甲虫目《こうちゅうもく》、ホタル科《か》の昆虫《こんちゅう》。おしりを光《ひか》らせるのは、敵《てき》をおどろかせるため、繁殖行動《はんしょくこうどう》のためなどと言《い》われますが、はっきりした理由《りゆう》はわかっていません。

6月《がつ》 6.21~6.30

プールびらき

プールびらきは、その年《とし》にはじめてプールを使《つか》う日《ひ》のこと。おもに6月《がつ》におこなわれることが多《おお》いです。「けがや事故《じこ》を防止《ぼうし》する」といったプールでの決《き》まりをたしかめたり、水《みず》になれたりするなどの目的《もくてき》があります。プールびらきがおこなわれたら夏《なつ》はもうすぐです。

行事《ぎょうじ》のなぞなぞ

プールにもぐっているとき、空気《くうき》を見《み》るものって、なーに？

きせつなぞなぞ

サイはサイでも、梅雨《つゆ》どきに色《いろ》が変《か》わっちゃうカラフルなサイって、なーに？

今日《きょう》はなんの日《ひ》なぞなぞ

6月《がつ》21日《にち》は、海《うみ》や公園《こうえん》で食《た》べてはいけないものの日《ひ》。それって、なーに？

メッセージなぞなぞ

立《た》ちどまるな！　ふりかえるな！　からだごと進《すす》もう！

プールびらき

行事《ぎょうじ》のなぞなぞ こたえ ゴーグル

水中《すいちゅう》にもぐっているのに空気《くうき》を見《み》ているということは、水《みず》と目《め》のあいだにあるのは空気《くうき》ということになります。つまり、こたえはゴーグルです。

解説《かいせつ》 ゴーグルとは目《め》を守《まも》るための道具《どうぐ》のことです。水中《すいちゅう》で使《つか》うゴーグルは、日本《にほん》では1884年《ねん》ごろに沖縄県糸満市《おきなわけんいとまんし》の漁師《りょうし》さんが、作《つく》ったものが始《はじ》まりとされています。水泳以外《すいえいいがい》で、バイクに乗《の》る人《ひと》がつけるのもゴーグルとよびます。

メッセージなぞなぞ こたえ

前進《ぜんしん》

（全身《ぜんしん》＝前進《ぜんしん》）

きせつなぞなぞ こたえ アジサイ

梅雨《つゆ》どきに、色《いろ》が変《か》わるもので、その時期《じき》に見《み》られる花《はな》を思《おも》いつくのでは。そこにサイがつくとなれば、アジサイです。

解説《かいせつ》 アジサイはアジサイ科《か》に属《ぞく》し、花《はな》は5~7月《がつ》に咲《さ》きます。植物学者《しょくぶつがくしゃ》の牧野富太郎《まきのとみたろう》の図鑑《ずかん》によると「集真藍《あつさあい》」という言葉《ことば》が、「アジサイ」に変化《へんか》したという説《せつ》もあるそうです。

今日《きょう》はなんの日《ひ》なぞなぞ こたえ スナックの日《ひ》

海《うみ》と公園《こうえん》の共通点《きょうつうてん》のひとつは砂《すな》。海《うみ》には砂浜《すなはま》、公園《こうえん》には砂場《すなば》があります。砂浜《すなはま》や砂場《すなば》で食《た》べると、食《た》べ物《もの》に砂《すな》がつく（砂《すな》つく）で、スナックの日《ひ》です。

解説《かいせつ》 6月《がつ》21日《にち》は、夏至《げし》にあたることが多《おお》いです。夏至《げし》には、かたくなった正月《しょうがつ》のおもちを食《た》べる「歯固《はがた》め」の習慣《しゅうかん》がありました。それで全日本菓子協会《ぜんにほんかしきょうかい》がこの日《ひ》を、スナックの日《ひ》と定《さだ》めました。

7月《がつ》 7.1~7.10

七《たな》夕《ばた》

七《たな》夕《ばた》とは、おりひめとひこぼしが天《あま》の川《がわ》をわたり、一年《いちねん》に一度《いちど》だけ出会《であ》える7月7日《がつなのか》の夜《よる》のことです。笹竹《ささだけ》にねがいごとを書《か》いた短冊《たんざく》を取《と》りつけます。むかしは七夕《たなばた》かざりの位置《いち》が高《たか》ければ高《たか》いほど、ねがいがかなうと考《かんが》えられていました。

行事《ぎょうじ》のなぞなぞ

夜空《よぞら》に流《なが》れる、アリがよろこびそうな川《かわ》って、なーに？

今日《きょう》はなんの日《ひ》なぞなぞ

7月2日《がつふつか》は、なべはあってフライパンはない、ざるはあってかごはない、きつねはあっておおかみはない食《た》べ物《もの》の日《ひ》。さて、なんの日《ひ》？

七十二候《しちじゅうにこう》なぞなぞ

雨《あめ》の中《なか》に、矢《や》がとんでくると咲《さ》く花《はな》のきせつです。さて、なんの花《はな》？

メッセージなぞなぞ

すべてのことに、いつもアリ10匹《ぴき》の気持《きも》ちをわすれるな。さて、なんのこと？

七夕《たなばた》

行事《ぎょうじ》のなぞなぞ こたえ 天《あま》(甘《あま》)の川《がわ》

アリがよろこびそうなものといえば、あまいもの。それが夜空《よぞら》に流《なが》れているのですから、こたえは、天《あま》(甘《あま》)の川《がわ》です。

解説《かいせつ》 天《あま》の川《がわ》はわたしたちが住《す》んでいる銀河《ぎんが》系《けい》を、内側《うちがわ》から見《み》たすがたです。銀河系《ぎんがけい》の中《なか》は2000億《おく》個《こ》の星《ほし》でできていると考《かんが》えられています。あまりに星《ほし》が多《おお》いので川《かわ》のように見《み》えるのです。

メッセージなぞなぞ こたえ

ありがとう

今日《きょう》はなんの日《ひ》なぞなぞ こたえ うどんの日《ひ》

なべ、ざる、きつねに共通《きょうつう》する食《た》べ物《もの》はうどんです。フライパン、かご、おおかみにはありません。

解説《かいせつ》 香川県《かがわけん》の讃岐《さぬき》地方《ちほう》では、半夏生《はんげしょう》(夏至《げし》から数《かぞ》えて11日目《にちめ》)の7月《がつ》2日《ふつか》に田植《たう》えが終《お》わったあと、うどんを食《た》べるならわしがありました。そこから、香川県生麺事業協同組合《かがわけんせいめんじぎょうきょうどうくみあい》が定《さだ》めました。

七十二候《しちじゅうにこう》なぞなぞ こたえ あやめ

「あ」と「め」の中《なか》に、「矢《や》」がとんできて入《はい》るので、「あ矢《や》め」。そして咲《さ》く花《はな》なので、こたえはあやめです。

解説《かいせつ》 6月《がつ》27日《にち》~7月《がつ》1日《ついたち》ごろは、七十二候《しちじゅうにこう》で「あやめはなさく」と言《い》って、あやめの花《はな》が咲《さ》くころという意味《いみ》です。あやめは高《たか》さが30~60㎝で、くきの先《さき》に1~3輪《りん》の花《はな》を咲《さ》かせます。梅雨《つゆ》入《い》りを告《つ》げる花《はな》とされています。

7月《がつ》

7.11~7.20

土用《どよう》の丑《うし》の日《ひ》

土《ど》用《よう》とは、春《しゅん》夏《か》秋《しゅう》冬《とう》のきせつの変《か》わり目《め》で、約《やく》18日間《にちかん》あります。丑《うし》の日《ひ》は、十二支《じゅうにし》の丑《うし》のことで、毎月《まいつき》2~3回《かい》あります。この二《ふた》つが重《かさ》なった日《ひ》を、土用《どよう》の丑《うし》の日《ひ》とよびます。夏《なつ》の土用《どよう》の丑《うし》の日《ひ》に栄養《えいよう》のあるものを食《た》べようと、江戸《えど》時代《じだい》の発明《はつめい》家《か》・平賀源内《ひらがげんない》が、うなぎ屋《や》の宣伝《せんでん》で広《ひろ》めたことで、うなぎを食《た》べる習慣《しゅうかん》が世《よ》の中《なか》に根《ね》づき、今《いま》もつづいています。

行事《ぎょうじ》のなぞなぞ

生《い》きているときは魚《さかな》なのに、タレをつけて焼《や》かれると、カバになっちゃうもの、なーに？

学校《がっこう》なぞなぞ

ヒョウはヒョウでも、学校《がっこう》の学期末《がっきまつ》にあらわれる、人《ひと》に見《み》せたくないヒョウとは？

今日《きょう》はなんの日《ひ》なぞなぞ

7月《がつ》11日《にち》は、ふうふうするけどつかれてない、ツルツルするけどすべらない、たまにグルグルがうかんでる食《た》べ物《もの》の日《ひ》。さて、なんの日《ひ》？

メッセージなぞなぞ

自分《じぶん》のために、重《かさ》ねろ！ つづけろ！ それは、なに？

7月《がつ》
7.11~7.20

土用《どよう》の丑《うし》の日《ひ》

行事《ぎょうじ》のなぞなぞこたえ

うなぎ（かばやき）

タレをつけて焼《や》く魚料理《さかなりょうり》で、「カバ」がつくのはかばやきです。そうきたらもう、こたえはうなぎです。

解説《かいせつ》

うなぎは背《せ》が黒《くろ》く、はらは白《しろ》く、細長《ほそなが》くてぬるぬるしている、うなぎ科《か》の魚《さかな》です。海《うみ》で生《う》まれ、河川《かせん》や湖《みずうみ》などで成長《せいちょう》してから産卵《さんらん》のために海《うみ》にもどる特性《とくせい》があります。このような魚《さかな》を「降河回遊魚《こうかかいゆうぎょ》」とよびます。

メッセージなぞなぞこたえ

努力《どりょく》

学校《がっこう》なぞなぞこたえ

成績表《せいせきひょう》（通知表《つうちひょう》）

学期末《がっきまつ》と「ヒョウ」から連想《れんそう》します。さらに人《ひと》に見《み》せたくないものと言《い》えば、すぐにわかりますね。

解説《かいせつ》

成績表《せいせきひょう》は学校《がっこう》で子《こ》どもたちの学習《がくしゅう》をすすめていくようすや、その結果《けっか》などをまとめて記入《きにゅう》した表《ひょう》のこと。学校《がっこう》での日常生活《にちじょうせいかつ》の記録《きろく》などもふくまれます。

今日《きょう》はなんの日《ひ》なぞなぞこたえ

ラーメンの日《ひ》

ふうふう熱《あつ》いものにふいて、ツルツルはめんをすすって、グルグルうかぶのはナルト……、と考《かんが》えれば、こたえはラーメンです。

解説《かいせつ》

日本人《にほんじん》で最初《さいしょ》にラーメンを食《た》べたのは、水戸黄門《みとこうもん》で、誕生《たんじょう》日《び》が7月《がつ》11日《にち》。そして、7がレンゲ、11がはしに見《み》えることから、一般《いっぱん》社団法人《しゃだんほうじん》日本《にほん》ラーメン協会《きょうかい》が7月《がつ》11日《にち》をラーメンの日《ひ》と定《さだ》めました。

7月《がつ》
7.21~7.31

海《うみ》の日《ひ》

7月《がつ》の第《だい》3月曜日《げつようび》は、海《うみ》の日《ひ》です。「海《うみ》の恩恵《おんけい》に感謝《かんしゃ》するとともに、海洋国日《かいようこくに》本《ほん》の繁栄《はんえい》をねがう」日《ひ》です。「海《うみ》の記念日《きねんび》」が由来《ゆらい》で、1996年《ねん》に国民《こくみん》の祝日《しゅくじつ》になっています。夏休《なつやす》みの前《まえ》の連休《れんきゅう》になることも多《おお》いので、うれしいですね。

行事《ぎょうじ》のなぞなぞ

海《うみ》から生《う》まれたのに海《うみ》にあうと消《き》えてしまうもの、なーに？

きせつなぞなぞ

バーベキューやキャンプなどにつきもののとびらって、なーに？

今日《きょう》はなんの日《ひ》なぞなぞ

7月《がつ》27日《にち》は、イカはイカでも、海《うみ》でなく畑《はたけ》にころがっているイカの日《ひ》。さて、なにイカの日《ひ》？

メッセージなぞなぞ

きみとおなじ気持《きも》ちの人《ひと》が持《も》っている「缶《かん》」、それってなに？

7月《がつ》 7.21~7.31 海《うみ》の日《ひ》

行事《ぎょうじ》のなぞなぞこたえ **塩《しお》**

海《うみ》にあうは、海《うみ》に入《はい》ると考《かんが》えます。海《うみ》に入《はい》ると溶《と》けて消《き》えるのは、海《うみ》から生《う》まれた塩《しお》です。

解説《かいせつ》 塩《しお》は、塩《しお》からい味《あじ》の塩化《えんか》ナトリウムをおもな成分《せいぶん》とする物質《ぶっしつ》です。海水《かいすい》や岩塩《がんえん》から作《つく》ります。料理《りょうり》で使《つか》う調味料《ちょうみりょう》の塩《しお》は食塩《しょくえん》とよばれます。

メッセージなぞなぞこたえ **共感《きょうかん》（缶《かん》）**

きせつなぞなぞこたえ **アウトドア**

バーベキューやキャンプなどの別《べつ》のよび名《な》を考《かんが》えます。ヒントの「とびら」をいっしょに考《かんが》えるとわかります。

解説《かいせつ》 アウトドアとは「アウトドア・アクティビティ」の略《りゃく》で、屋外《おくがい》で自然《しぜん》にふれながらおこなう活動《かつどう》やレジャーのことです。ふだんのくらしからはなれて特別《とくべつ》な体験《たいけん》ができるのは楽《たの》しいですね。

今日《きょう》はなんの日《ひ》なぞなぞこたえ **スイカの日《ひ》**

ころがるから丸《まる》そうですね。畑《はたけ》でころがる丸《まる》いものといえばスイカです。

解説《かいせつ》 スイカを愛《あい》する人《ひと》たちが、夏《なつ》が旬《しゅん》のスイカのしま模様《もよう》を綱《つな》に見立《みた》てて、「夏《なつ》（7）」の「綱《つな》（27）」のごろ合《あ》わせから、7月《がつ》27日《にち》をスイカの日《ひ》と定《さだ》めました。ちなみに全国《ぜんこく》でスイカの収穫量《しゅうかくりょう》第《だい》1位《い》は熊本県《くまもとけん》です。

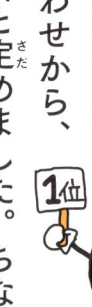

きせつの４コマなぞなぞ

6月《がつ》・7月《がつ》はいよいよ暑《あつ》い暑《あつ》い夏《なつ》の始《はじ》まりですね。ここでは、まだ紹介《しょうかい》できなかった、夏《なつ》っぽいなぞなぞに汗《あせ》をかきながら、チャレンジしてみましょう。もうすぐ夏休《なつやす》みもはじまるけれど、頭痛《ずつう》のタネは通知表《つうちひょう》かな？

まだまだあるよ！

今日《きょう》はなんの日《ひ》なぞなぞ❶

天《てん》ぷらは、
6月1日《がつついたち》になると、
あっさりします。
なんの日《ひ》だからでしょう？

まだまだあるよ！

今日《きょう》はなんの日《ひ》なぞなぞ❷

6月《がつ》15日《にち》は、
夏《なつ》、毎日《まいにち》のように
とどくものの日《ひ》。
さて、なんの日《ひ》？

6月《がつ》7月《がつ》

きせつの４コマなぞなぞ こたえ

こたえ **田植《たう》え**

「た」という言葉《ことば》はどこから聞《き》こえていますか？　これを合《あ》わせて言《い》ってみると、どうでしょう？こたえは、田植《たう》えです。

解説《かいせつ》

稲《いね》の種《たね》を苗代《なわしろ》とよばれるところにまき、そこで育《そだ》った苗《なえ》を田《た》んぼに植《う》えることを、田植《たう》えと言《い》います。一般的《いっぱんてき》に本州《ほんしゅう》では、５～６月《がつ》におこなわれます。

まだまだあるよ！

今日《きょう》はなんの日《ひ》なぞなぞ❶のこたえ

ころもがえ

天《てん》ぷらには「ころも」があります。天《てん》ぷらがあっさりしたのですから、ころもをかるいものにしたのです。だからこたえは、ころもがえです。

解説《かいせつ》

ころもがえとは、季節《きせつ》に応《おう》じて服装《ふくそう》をかえることです。基本的《きほんてき》に6月1日《がつついたち》が夏服《なつふく》への着《き》替《が》え、10月1日《がつついたち》が冬服《ふゆふく》への着替《きが》えの時期《じき》と考《かんが》えられています。

まだまだあるよ！

今日《きょう》はなんの日《ひ》なぞなぞ❷のこたえ

暑中見舞《しょちゅうみま》いの日《ひ》

毎日《まいにち》を「しょっちゅう」といいかえます。夏《なつ》と合《あ》わせて考《かんが》えて、こたえは、暑中見舞《しょちゅうみま》いです。

解説《かいせつ》

6月《がつ》15日《にち》は暑中見舞《しょちゅうみま》いの日《ひ》。暑中見舞《しょちゅうみま》いとは、暑《あつ》い季節《きせつ》にお世話《せわ》になっている人《ひと》などに、健康《けんこう》を気《き》づかい、元気《げんき》にすごしてほしいという、ねがいをとどけるあいさつのおたよりのことです。江戸時代《えどじだい》に始《はじ》まったとされています。

なぞなぞのさくいん

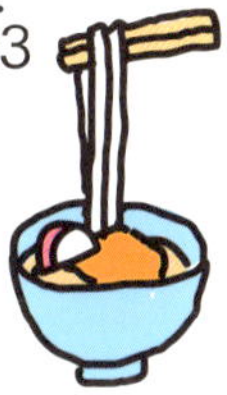
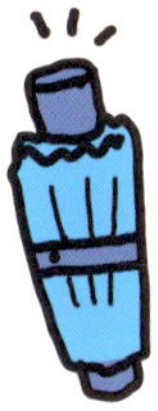
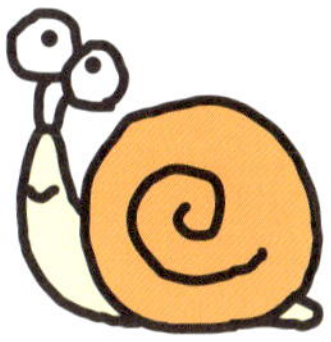

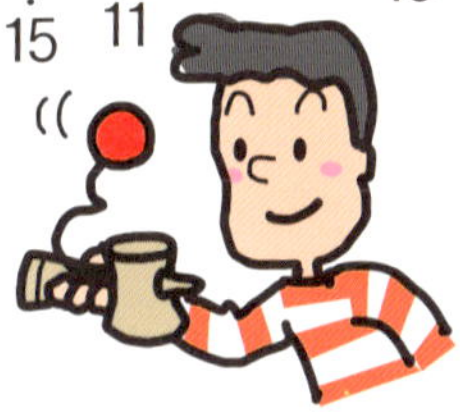
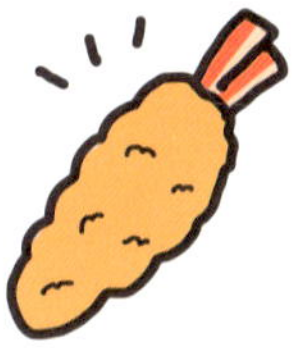

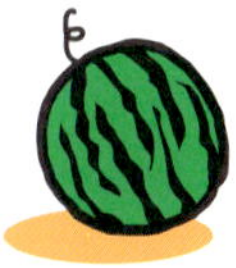
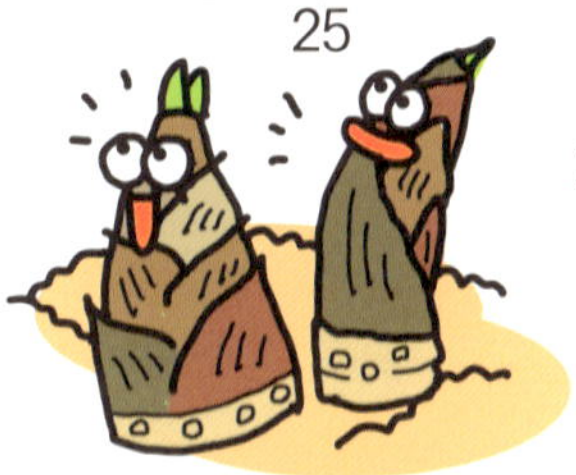
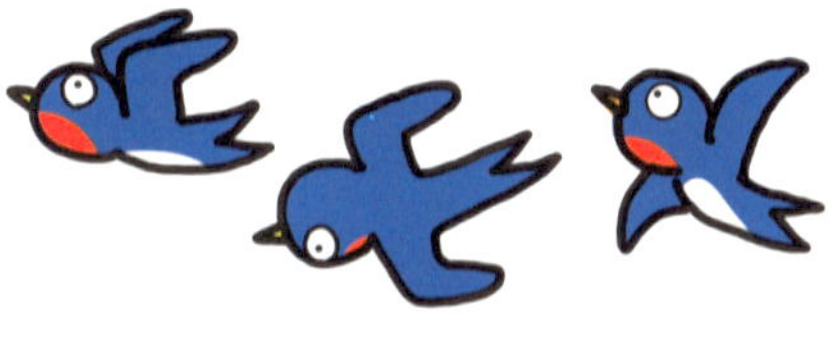

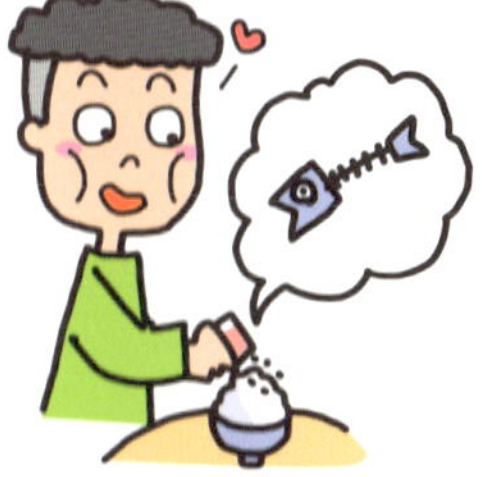
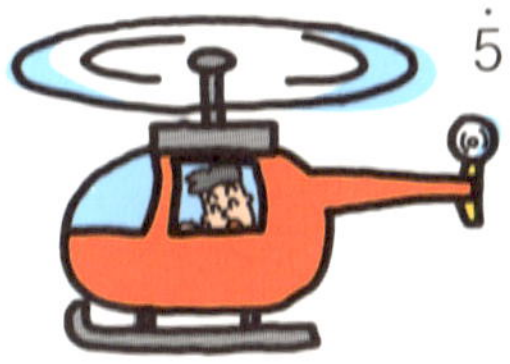
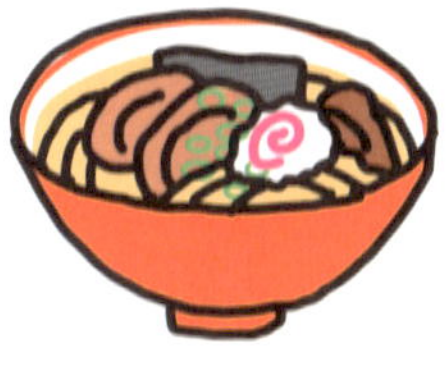

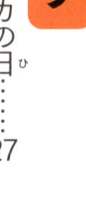

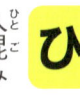

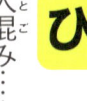

このみ・プラニング

1000万部を超える人気シリーズ「ぴょこたんのあたまのたいそう」の作者・このみひかるの制作を支えるプロダクションとして設立。のちに企画編集に携わり、『ぴょこたんのなぞなぞ1616』『はじめての なぞなぞ ぴょこたんと あそぼう』（ともに、あかね書房）など多数をサポート。現在は、このみひかるの作品や遊び、世界観を継承しつつ、『超ムズ！ おばけめいろ』『超難問挑戦まちがいさがし 空飛ぶ魔法編』『ぴょこたんめいろ おばけの町へGO！』（いずれも、あかね書房）、『新レインボーなぞなぞ大辞典　ダジャレ付き』(Gakken) など、遊びの本の作・制作・編集などを幅広く手がけている。

イラスト　柳 深雪
ブックデザイン　原田暁子
編集協力　高木信正
校正　文字工房燦光

NDC384
このみ・プラニング
校内放送《こうないほうそう》で役立《やくだ》つ！行事《ぎょうじ》のなぞなぞ
① 4月《がつ》～7月《がつ》　行事《ぎょうじ》のなぞなぞ
あかね書房 2025年　31p　27cm × 22cm

校内放送で役立つ！行事のなぞなぞ

❶ 4月～7月 行事のなぞなぞ

2025年3月27日　初版発行

作　このみ・プラニング

発行者　岡本光晴
発行所　株式会社あかね書房
〒101-0065 東京都千代田区西神田 3-2-1
電話　03-3263-0641（営業）03-3263-0644（編集）
印刷所　中央精版印刷株式会社
製本所　株式会社難波製本

ISBN978-4-251-09531-2
落丁本・乱丁本はお取りかえいたします。
https://www.akaneshobo.co.jp

校内放送《こうないほうそう》で役立《やくだ》つ！

行事《ぎょうじ》のなぞなぞ

作 このみ・プラニング

行事《ぎょうじ》を中心《ちゅうしん》に、記念日《きねんび》や学校《がっこう》まわりのものごとから出題《しゅつだい》し、
こたえあわせで解説《かいせつ》するなぞなぞブック。

❶ 4月《がつ》～7月《がつ》 行事《ぎょうじ》のなぞなぞ

1巻《かん》は入学式《にゅうがくしき》から海《うみ》の日《ひ》まで。

❷ 8月《がつ》～11月《がつ》 行事《ぎょうじ》のなぞなぞ

2巻《かん》は花火大会《はなびたいかい》から勤労感謝《きんろうかんしゃ》の日《ひ》まで。

❸ 12月《がつ》～3月《がつ》 行事《ぎょうじ》のなぞなぞ

3巻《かん》は大雪《たいせつ》から春分《しゅんぶん》の日《ひ》まで。